Coroniken

Lyrik

Uli Wollgarten

© 2020

Herstellung und Verlag: BoD – Books on
Demand, Norderstedt
ISBN: 978-3-7526-0502-0

Vorwort

Lieber Leser,

wer meiner Lyrik folgt, sei es in Schrift oder auch mündlich bei inzwischen spärlich gewordenen Lesungen, der weiß, dass die Inhalte meiner Gedichte selten ohne das Spiel mit Sprache, insbesondere Wortspiele und Wortneuschöpfungen auskommen.

Die nachfolgend veröffentlichten Gedichte sind zwar samt und sonders in der sog. Corona-Krise entstanden, es existieren aber noch weitere. Letztgenannte mögen fraglos auch unter dem Einfluss der Umstände in dieser Zeit stehen, nehmen aber nicht unmittelbar Bezug auf SARS-CoV2, dem als neu vorgestellten Virus aus der Corona-Familie oder der nach ihm benannten Krankheit Covid-19.

Im eigenen Rückblick verstärkt mein Umgang mit beiden – dem Virus und der Krankheit – den Eindruck, dass ich nicht besonders ängstlich war und bin.
Denn das erste Gedicht mit eindeutigem Bezug auf beide befasst sich infolge beschriebener Entwicklung eher mit Begleiterscheinungen im Alltag.
Möglichen Kritikern, die die Auffassung vertreten mögen, dass die Lage so ernst sei, dass sich zu scherzen verbäte, sei entgegen gehalten:

Ja, die Lage ist ernst, richtig ernst!
Grund genug, auch zu scherzen!

Daher kommt auch die Sammlung meiner Gedichte über das Ereignis von nationaler Tragweite nicht ohne blanken Unsinn aus. Dieser beschränkt sich allerdings auf zwei Exemplare, nämlich „Kein Brauchtumsverzicht" und „Rückholaktion".

Wenngleich ich der Hoffnung erlegen bin, dass Humor im besten Sinne ansteckend ist und bleibt, kann ich mir trotzdem vorstellen, einen neudeutschen Shit-Storm auszulösen. So unangenehm eine Welle verbalen Hasses aus der Anonymität heraus oder auch namentlich bekennend für den Betroffenen sein mag, ein Shit-Storm vermittelt mehr Erkenntnisse über die Horde der Hominiden:

Erst scheißt sie

und dann schmeißt sie!

Über den Autor verraten die überwiegend ihrer Entstehung nach chronologisch aufgeführten Gedichte, welche Druckpunkte und Erkenntnisstände im Laufe der Zeit eine Notwendigkeit seelischer Verarbeitung als individuelle Ventilfunktion ausgelöst haben.

Dass Lyrik auch zu Sachfragen emotional wird oder gar bleibt, macht trockene Materie lebendig.

In diesem Sinne: Herzlich viel Vergnügen mit den Auswüchsen lyrischer Verarbeitung eines Themenkomplexes, der öffentlich eines breit aufgestellten Diskurses mit vielen unterschiedlich Betroffenen über wissenschaftliche Grenzen hinaus bedurft hätte und nach wie vor dringendst bedarf.

Dein Uli Wollgarten

Covid 19 25.03.2020

Coronavirus SARS-C-o-V-2 macht sehr nervös;
doch indirekt nur, denn es ist pandemisch infektiös.
Es ist in aller Munde, liegt beinah auf jeder Zunge,
vermehrt bereits im Rachenraum sich und befällt die
Lunge.
Drum tauften Wissenschaftler SARS, nach ihrem Kern-
Symptom,
die Krankheit als „akutes-schweres-Atemwegs-Syndrom".

Mir aber scheint das Virus keinesfalls in allen
Erscheinungsformen stets die Lunge zu befallen.
Hier spiele ich mal an auf jene Infizierten
als Dunkelziffern, die noch keine Atemnot verspürten.

Verbreiten Angst und Wahnsinn sich in diesen Wirr'n,
legt nah, C-o-V-2 befällt vermehrt das Hirn,
und zwar so sehr, dass einem nach und nach geschockt
schon auf dem Nebenwirkungsgleis der Atem stockt.

Was zeigen uns denn die dramatischen Verläufe
massenpanikattackenhafter Vorratskäufe,
die sich vermehren und geschwind zu leeren
Regalen führen und erst so den Mangel nähren?
Was lehrt uns das, wenn wir das Nötigste vermissen?
Nicht weniger als das, die Lage ist beschränkt.

Doch welche Lage ist denn schließlich die prekäre,
und wie gestaltet, wie geschichtet uns im Jetzt und Hier?
Sie kaufen Klopapier en masse in Lagen drei und vier,
als ob die einzelne aus reinem Blattgold wäre,
oder für „Kühlschrankbirnen" mit geringen Watt
im Oberstübchen wenigstens das Gold'ne Blatt!

Post rektum:
Wenn Ihr Euch panikkaufend richtig ausgetollt
habt, und es nichts von dem mehr, was Ihr beißen wollt,
mehr gäbe, was ist's, das Ihr dann noch scheißen wollt?

Ist mancher Panikkäufer dadurch etwas indigniert,
sei's drum, Ihr seid mir allzu losungsorientiert.

Nicht nur in der Corona-Krise 06.04.2020

In Zeiten gefährlicher Epidemie,
die Einzelne nicht, sondern Mehrere trifft,
als Angriff auf Körper und Ökonomie
befolge bekannte Hygienevorschrift.

Denn Keime sowie Konsequenzen erst schwächt,
wenn eine Hand häufig die andere wäscht.

Kein Brauchtumsverzicht bei Corona-Anweisungen 11.04.2020

(Ein Rätsel)

„Ostern ohne eine Ostereiersuche
Sei beinah was wie ne Weihnachtsbuche.",
Theoretisiert ein Brauchtumsphilosoph
Einwandfrei und findet davon beides doof.
Reinheit seiner Feiertage hält den Hof
Eines Seelenbauwerks leicht und unbefleckt.
In diesen Zeilen ist wie oft ein Ei versteckt?

(Allein in den 7 Zeilen kommt von rechts nach links gelesen 18 mal ein „ei" vor.
Die Anfangsbuchstaben der Zeilen ergeben von oben nach unten ein weiteres!
Also sind es insgesamt 19.)

Maskeraden 02.05.2020

Auf einmal, in Corona-Zeiten
seh ich mich über'n Friedhof schreiten.
Das machte ich so gut wie nie
bislang. – Was soll die Perfidie?

Es können alle, die noch leben,
dort unter Menschen sich begeben,
auch sogar solche, die man kennt.
Was sie von den Bewohnern trennt,
– wenn ich von Infektionsschutz spreche –
ist sicher die Erdoberfläche.

Gefahrlos weiß sich jedermann:
Die Toten stecken mich nicht an,
und ich nicht sie. – Welch' Harmonie!
Gewiss. Die Krux ist aber die:
Egal, wer Leben auch gebiert,
es ist vom Keim an infiziert
und stets zu Lebzeiten bedroht
unheilbar von Gevatter Tod.

Gleichwie, ob mit, ob an Corona,
Besucher werden einst Bewohner.

Lyrische Lebenskunde 16. und 31.05.2020
(Auch ein klein wenig Biologie)

Ein Mensch, wie du, wie ich, wie wir
ist eigentlich ein Säugetier,
hat auf zwei Beinen festen Stand
und lebt die meiste Zeit an Land.

Er kommt sehr ungeschützt zur Welt.
Wär er auf sich allein gestellt
sodann, er würde – grade eben
geboren – nicht sehr lange leben.

So ist er, um die ersten Krisen
des Seins zu meistern, angewiesen
auf die Mama, die ihn gebar,
mit der er erst verkabelt war.

Und eben im Geburtskanal
da kam das Kind das erste Mal
in Keimkontakt, frei und bequem:
Der Startschuss für's Immunsystem.

Die weiteren erhält der Knilch
zusammen mit der Muttermilch.
Bakterien dienen gut verpackt
der Flora im Verdauungstrakt.

Der Darm vor allem macht bewusst,
keimfrei ist anders, trotzdem musst
du mit ihr leben – im Vertrauen.
Du könntest ohne nicht verdauen.

Es ist der Mensch so übrigens
ein Ich und als Koexistenz
mit vielen Keimen festzustellen,
viel mehr noch als mit eignen Zellen.

Vergleichbar wird zu eignem Wohle
der Mensch mit einer Metropole
von innen, außen, unten, oben
für eine Vielzahl von Mikroben

von vielen „guten", gottseidank.
Erstarken „böse", wird er krank,
dass das Immunsystem bestimmt
das Heft des Handelns übernimmt.

Der Mensch kriegt Fieber und wird schwach.
Für eine Zeit lang liegt er flach,
damit sein Leib hochkonzentriert
Herr jener Eindringlinge wird.

Wenn denn ein Virus seinem Gastwirt,
weil intern es sich stark vermehrt, zur Last wird,
sind fiebrige Beschwerden, die dabei
entsteh'n, der Großeinsatz der Polizei.

Ist die des eignen Körpers stark genug,
ist eines Arztes Handeln klug,
nicht gleich den Kampf zu übertreiben
und erst Bettruhe zu verschreiben.

Finale Wahl sei beim Bakterium
drum ein Antibiotikum.
Ihm setzen Zeit und Dosis Grenzen
der Anstieg seiner Resistenzen.

Dank ihrer wär' im Hospital
strengste Hygiene heil'ger Gral.
Doch haben Investoren festgestellt,
die kostet Zeit – und damit Geld.

Hygiene hilft demnach in Hospitälern
Patienten – sowie, den Profit zu schmälern.
Drum steht in Deutschland, eine Schande,
es Eins zu Null – bloß für die Niederlande.

Auch auf Geschwächte fern der Massen,
gilt es, besonders aufzupassen.
Hingegen unter den Gesunden
wird Keimkontakt zumeist verwunden.

Ist böser Keim teils fettumhüllt,
es die Hygiene schon erfüllt,
wenn sich das menschliche Geschlecht
gründlich und oft die Hände wäscht.

Doch soll hier nicht verschwiegen bleiben,
auch damit kann man übertreiben.
Denn guter Keim, der fettumhüllt
ist, wird beim Waschen mit gekillt.

Besiedlung, die uns gut gesinnt
ist, wird auf die Art ausgedünnt.
Der Reinliche wird Grundanbieter
für unerwünschte Untermieter.

Es bleibt in graden wie in schrägen
Komplexen nichts, als abzuwägen.
Gesellschaftlich, geschätztes Publikum,
ist das des Daseins Dran und Drum.

Als Erstes wäre auszuloten,
ist einzugreifen denn geboten
den Perspektiven vieler nach und zwar
auf Art und Ausmaß der Gefahr.

Zu viel ist oft schon eine Predigt
bei dem, was sich von selbst erledigt,
und, ohne dass der Folgen Schwere
für alle „Mann" erheblich wäre.

Des Mittels Eignung überwiegt,
wenn Nutzen über Schaden siegt.
Greift eine milde Order nich',
wird schärfere erforderlich.

Die Frage darf man aber nicht vergessen:
Ist jenes Mittel angemessen,
sein Wirkungsgrad, abseits des guten
Zieles, verhältnismäßig zuzumuten?

Lebensgefahren sind zu mindern,
doch eine lässt sich nicht verhindern:
Was lebt, ist lebenslang bedroht
vom Exitus, dem eig'nen Tod.

Dabei bleibt ein Gebot von Nöten
ganz zweifellos: Du sollst nicht töten!
Doch töte(t), wenn es um das Leben geht,
auch – bitte – nicht die Lebensqualität.

Größenverhältnis und Größenwahn 03.06.2020

Die Nicht-Verängstigten reizt es zum Lachen,
will Politik Corona Grenzen machen.
Sind Maßnahmen auch noch so vehement,
bleibt fraglich, ob ein Virus Grenzen kennt.

In Krisenzeiten 25.03.2020 – 07.06.2020
(Corona und Covid 19)

Die Krise ist der Gipfelzeitpunkt großer Not,
die einen einzeln oder mehrere bedroht.
Nur selten war uns allen eine so nah
wie derzeit Covid 19 und Corona.

Das Virus zeigt sich schleunigstens verbreitend
und damit gern die Grenzen überschreitend,
in dieser Eigenschaft gewiss extrem. Ich
stimme gern zu, es grassiert pandemisch.

Die Eigenschaft macht, sind wir ehrlich,
in punkto Ansteckungsgefahr gefährlich.
Die zweite steht als Frage noch ins Haus:
Was und wie sehr für wen löst es denn aus?

Der Autor hätte hierzu spekuliert.   07.06.2020
Deshalb hat er seit Mitte März pausiert,
obwohl ex-amtsärztlich da schon verdächtigt
man unserer laborpandemisch sich bemächtigt.

Leidmedien erweisen sich als die der Gattung
von Propaganda sowie Hofberichterstattung,
als hätte Deutschland einen Smutje nur an Bord:
„Serviert wird und gegessen nur, was Robert kocht!"

So lebt vermehrt, heißt macht sich wie die Seuche breit,
das Virus für Gedanken: Unbeirrbarkeit!,
wenngleich im Rahmen völlig neuer Wirren
verständlich wäre, auch einmal zu irren.

So macht man das Syndrom nach Palmström scharf,
und zwar, „dass nicht sein kann, was nicht sein darf."
So bleiben Obrigkeit und Medien schon lange
auf Horrorkurs und machen Menschen Angst und Bange.

Nichts bliebe uns, als diese Seuche zu verwalten,
bloß, da nicht stoppbar, ihren Fortgang aufzuhalten,
„the curve" der positiv Getesteten zu „flatten"
zum Ziel für Kranke erster Welle freie Betten.

Die Intensivstationen blieben vielfach leer.
Das Gros der Positiven krankte nicht so sehr,
dieweil ansonsten schwer Erkrankte voller Schrecken
Spitäler scheu'n vor Angst, grad dort sich anzustecken.

Experten, die auf diesen Leer- und Missstand zeigen
und Konsequenzen, ernten besten Falles Schweigen,
werden Verschwörungstheoretiker geschimpft.
Erlösung winkt erst, werden alle einst geimpft.

Dabei erleben wir schon heute Impfexzesse
durch GEZ-Fernsehen, Funk und freie Presse,
der sogenannten: Propaganda-Täterää.
Das nenne ich Dämokratie, und zwar mit „ä"!

Erhebliches Problem von nationaler Schwere
expertenübergreifend zu besprechen wäre,
um perspektivenreich divers zu diskutieren,
was wahrheitsnah und nötig ist, zu destillieren.

Doch die Regierung macht um viele einen Bogen,
hört auf ganz wenige nur, etwas wirre Logen,
bedient sich ihrer Zahlen, den vermeintlich nackten
und Taschenspielertricks und faked die Fakten;

tut so, als ging es nur um unser aller Wohle.
Wenn kaum sich wer noch ansteckt, drohen Aerosole.
Gefahr, die plötzlich für Mund-Nasen-Masken spricht.
Verwunderlich, vor Wochen wirkten die noch nicht.

Bekannt sind solche Masken aber schon was länger
als CO_2-Verstärker und Mirkrobenfänger,
wohl aber nur für jeden selbst, der eine trägt,
was sich nur auf die eigene Gesundheit niederschlägt.

Dem Ängstlichen die Maskenpflicht aber vermeintlich
nützt,
beruhigt ihn, wie er sich und sein Gegenüber schützt,
so sehr, dass er beim Vis-a-Vis, das diese ignoriert,
aufschäumend denunzierend zum Oral-Apostel wird.

Die Frage bleibt berechtigt, ob Visagenwindeln
uns, was verhältnismäßig ist, nicht arg beschwindeln?
Sind, um Viren zu erhaschen, grad Gewebelücken
in etwa wie ein Maschendrahtzaun gegen Mücken?

Doch zu den nackten Zahlen sowie zu den Fakten.
Aufgerundet nehmen wir sie zu den Akten.
Die Zahl der Menschen etwa, die in Deutschland
wohnen,
beträgt gerundet 83 Millionen.

Bis 7.6.Zwanzigzwanzig sind inzwischen
8,8 tausend Getestete verblichen.
Das sind für die mit Taschenrechner evident
0,01060 Prozent.

Der Heinsbergstudie von Streeck zufolge macht sich
ein Durchschnittsalter der Verstorbenen von
Einundachtzig
bemerkbar, und Professor Püschel sei gedankt,
wissen wir, es waren diese alle vorerkrankt!

184.000 sind wohl positiv gewesen.
169.000 ihrer sind bereits genesen.
Und anders als das medial erzeugte Bild,
verläuft die Infektion, wird sie bemerkt, meist mild.

Von vielen Infizierten wird sie nicht bemerkt,
was Hintergrundimmunität und Dunkelziffer stärkt.
Neuinfektionen liegen – ich seh das als Schote –
inzwischen im Bereich des Testes Fehlerquote.

Doch Medien und Regierung drohen unverhohlen
mit zweiter Welle und verstärkt mit Aerosolen
wie mit dem Fegefeuer einst der Vatikan.
Wo leben wir, in Deutschland oder Panikstan?

Wenn Aerosole wirklich so entscheidend wären,
müsste die Infiziertenzahl sich nicht vermehren,
jetzt, statt dass sie, was langsam schon zum Himmel
stinkt,
entgegen Merkels Unkenrufe weiter sinkt?

In meinen Augen stellt allmählich sich heraus,
im Grunde blieb bereits die erste Welle aus.
Doch wenn man eine zweite ständig repetiert,
impft man damit, die erste hätte existiert.

Im Mäntelchen, die ganze Menschheit zu beschützen,
bleibt fraglich, wem die strikten Regelungen nützen,
der Ruf nach Impfstoff eines Tags der Pharmaindustrie?
Die starke Herrscherhand ist Deutschen so beliebt wie
nie!

Will jemand, dass du eine starke Hand verlangst,
und ihr dann dankst, macht er dir erst mal Angst,
welch riesige Gefahr für dich die Zukunft birgt,
und suggeriert hernach, wie gut sein Handeln wirkt.

Paul Watzlawik ersann ein Gleichnis und beschrieb,
wie händeklatschend Elefanten wer vertrieb
in Wien. Die gäb's hier gar nicht, rügte ein Passant.
Der Mann stolz drauf: „Astrein wirkt Klatschen in die
Hand!"

Regierungstreu lebt so die Mehrheit in dem Wahn,
der Maulkorb schützt uns bis zur Impfpflicht von Jens
Spahn,
sowie ersehntem Stoff der Pharmaindustrie.
Die Krux bei Wandlungsfähigkeiten ist nur die:

Bei Viren, die besonders leicht – wie's hieß – mutieren,
wird mich nicht Serum, Impfpflicht und nicht Mutti-viren.
Ein Wirkststoff – dann veraltet – jetzt ersehnt von Spahn
kommt mir nicht intramuskulär, –venös noch subkutan.

Und man verstehe mich am Ende bitte nicht verkehrt,
alte und vorerkrankte Menschen sind stets
schützenswert,
heißt, weitestgehend vor den Infektionsgefahren
und SARS-CoV2 bestmöglich zu bewahren.

Was von Coronaviren sich bis dato sagen lässt,
nicht ungefährlich sind sie alle – aber nicht die Pest.
Sie sind leicht harmloser als Influenza-Viren,
kein Grund, Menschen und Mittelstand zu ruinieren.

Darum als Frage, die entscheidend wäre, diese:
Wer verursachte denn eigentlich die ganze Krise?

Rückholaktion 07.06.2020
(wegen Covid 19)

Nike ruft ob der Corona-Politik
die Schuhwerk-Serie „Air" komplett zurück.
Um die Seuche noch mehr einzuhegen,
gilt der Kampf den Übertragungswegen.
„Keine neuen", tönt des Herstellers Parole,
„im laufenden Betrieb durch Aerosohle!"

Die Nasen-Mundschutz-Maske 28.06.2020

Wen mag es wirklich überraschen:
Sind Viren versus Mundgamaschen
nicht im Verhalten einzuschätzen,
wie loses Mehl in Einkaufsnetzen?

Ein Virus ist was allzu Kleines.
Drum folgt als Fazit daraus eines:
Gegen die Viren Masken nützen,
wie gegen Steinschlag Baskenmützen.

Bislang sind mir Zerwürfnisse,
geht es um Grundbedürfnisse
des Menschen, fremd. Doch ist notiert,
was – fehlt es dir – zum Tode führt.

Ohne Nahrung tritt – versprochen –
ein der Exitus nach Wochen.
Ohne Trinkwasser im Magen
folgt derselbe schon nach Tagen.

Extreme Kälte oder Hitze
treibt ihn beinahe auf die Spitze.
Schon nach Minuten winkt die Gruft,
fehlt Menschen nur die Atemluft.

Vielleicht versteht man daran jetzt,
Erstickungstod ist angstbesetzt.
Masken, die, frei zu atmen, hindern,
wirken so nicht nur bei Kindern.

Drum, wovor sollen Masken schützen,
wenn sie im Kerngeschäft nichts nützten?
Wie große Angst muss Menschen plagen,
die freiwillig so Masken tragen?

Ganz klar, die Herrschaftspolitik
verwendet immer schon den Trick,
die Menschen, sagen wir es nüchtern,
mit Angstszenarien einzuschüchtern.

Die Angst, den Trumpf zu ziehen, rüg ich,
macht Denken eng und leicht gefügig.
Mit einer breit gestreuten Angst
die Menschheit tut, was du verlangst.

Die Panikherde sich verrät
im Ruf nach Solidarität,
wird dabei fast schon militant
als Spitzel oder Denunziant.

Im Tanz, dem Mundschutzreigen hat
der Maulkorb viel vom Feigenblatt.
Das Blatt steht vor, und es verrät
den Feigen, der dahinter steht.

Kein Vorwurf dem, der Angst verspürt,
sie wurde medial geschürt!
Drum ist sie menschlich zu verzeihen.
Hoch dem, der schafft, sich zu befreien.

Gelobt auch die, die Angst vermeiden,
weil sie Begriffe unterscheiden,
nicht allen Zahlenwerten trauen
und so ein mieses Spiel durchschauen.

Denn, wer's nicht seh'n und hören möchte,
es geht um unsre Freiheitsrechte,
die Politik nur dann entzieht,
wenn Angstbefall das Denken flieht.

Und alle, die das jetzt bestreiten,
sowas gilt nur in Krisenzeiten,
sieht einst erst, wie er heute irrt,
wenn nächste ausgerufen wird.

Das Weltgesundheitsmutterschiff
veränderte einst den Begriff
der Pandemie. Seit diesen Zeiten
reicht es dem Keim, sich auszubreiten.

Wie sehr mit Krankheit oder Tod
er Menschen droht, tut nicht mehr Not.
Das Maß seiner Verbreitungsstufen
genügt, die Krise auszurufen.

Und schon sind schneller, als man denkt,
die Rechte wieder eingeschränkt.
Vorsicht jetzt, das hat allzu leicht
die Propagandemie erreicht.

Entwicklung zu Covid-19 30.06.2020

Für Aufgeklärte ist zum Harnen,
wie die Behörden ständig warnen
das Volk wie einen kleinen Bub
vor vermeintlich nächstem Schub.
Es kommt die zweite Welle,
sie ist die Pleitewelle.

Hot-Spot Schlachtbetrieb 30.06.2020

Im Schlachtbetrieb von Tönnies, einem Riesen,
wurd jüngst verstärkt Corona nachgewiesen
mit jenem PCR-Test von Herrn Drosten.
Es fragt sich aber nun, auf wessen Kosten?

War's SARS-Cov2, war'n es verwandte Viren,
die man schon länger weiß in solchen Tieren?
Wie wirkte, dass man nur von Infizierten schrieb,
obwohl das Volk drumrum zumeist symptomfrei blieb?

Nichts als verheerend, und der Autor sieht das so:
Ein zweiter Lockdown für das Volk in Gütersloh.
Wer aus ihm kommt, auch wenn es ihm nicht schlecht
geht,
gilt als kontaminiert und wird geächtet.

Sei es aus Angst, bald selber zu erkranken
oder vor eines zweiten Lockdown Schranken,
so drängt es Gütersloher zum PCR-Test,
als hätten sie vermeintlich allesamt die Pest,

um sich zu exkulpieren auf die Schnelle,
zu fliehn dem Stigma: Seuchenkriminelle.
Mensch, Mensch, Du Tier, oh welchen Wandel
vollziehst Du. Das ist reiner Ablasshandel.

Dem Mund nicht, wohl der Nase nach 01.07.2020

Es ist anhand der offiziellen Zahlen
nicht ernsthaft ein Szenario mehr zu malen,
dass sich von Covid 19 sagen lässt,
es wär die Seuche, gradezu die Pest.

Drum hoch die Freiheit, raus aus dem Gehege.
Wir treten ein für jedermann und freie Atemwege
sowie im ÖPV, weil uns das nicht genüge,
gleich welcher Gattung immer freie Atemzüge.

Bei SARS-CoV2 sind wir uns nämlich sicher
inzwischen: Atemlos ist was für Lene Fischer.

Einst und jetzt 08.07.2020

Früher schickte man die Überträger
als einzige in Quarantäneläger,
hielt allenfalls gefährdete Fraktion,
falls möglich, fern vom Herd der Infektion.
Fortschrittlich zwingt man heut die ganze Nation
kurzerhand in Zivilisolation.

Corona-Urlaubs-Zeit 11.07.2020

Mein Urlaubsantritt war der Chefin lieb gemeinter Grund
für gute Wünsche: „Bitte bleiben Sie mir schön gesund!"

„In diesen Zeiten", sah ich mich veranlasst, ihr zu
schreiben,
„es trotzdem leichter ist, länger gesund als schön zu
bleiben!"

Narra-tiefer 12.07.2020

Es schadet meistens nicht, mit Denken
sich vom Main-Stream abzulenken.
Das geht mal langsam und mal forsch.
Was zählt?: Naivität wird morsch!

Knapp am Kipp-Punkt 26.07.2020
(davor oder dahinter?)

Wenn sich gewählte Macht am Souverän versündigt,
sich selbst ermächtigt und die Freiheitsrechte kündigt,
die Volksgesundheit vorschiebt und den Einzelnen
entmündigt,
die Panik schürt, nur einen Weg des Heils verkündigt,
dann teilt der Schweinehirt die Schar von seinen Ferkeln
in ängstlich duckende und solche, die was merkeln,
und hetzt die Lager vorerst sicher im Verlauf
anstatt auf sich, bestimmt gegen einander auf.

Für solchen Einblick braucht's kaum gründlicher
Recherche.
Es ist das alte Spiel von: Teile erst und herrsche!
Die Ernte ist für Menschen beider Seiten Leid.
Die letzte Hoffnung für sie alle ist die Zeit.
Gelang ihr stets noch, hohe Damen, hohe Herren
aus tiefster Nacht die Wahrheit doch ans Tageslicht zu
zerren.
Bis dahin blüht der Zwist, steht Frieden auf dem Spiel,
Herrschaft besinn Dich, sonst wirst Du des Kampfes Ziel!

Ein Teil der Menschen ist auch ohne Haufen Scherben
vor sich bereit, für seine Freiheit nur, zu sterben.
Ist Volkes Opfer größer oft ob solcher Missetaten,
am Ende zahlen alle, auch Ihr Pyrokraten.

Ratschlag 06.08.2020
(Hygiene-Regeln)

Allen, die uns'rer Regierung vertrauen,
der Wirkung verordneter Knebel des Grauen
aus Angst vor Corona und anderen Viren
auf Freiatmer stieren und sie denunzieren,

beschimpfen und tiefe Verachtung empfinden,
weil diese sich furchtlos den Mund nicht verbinden,
und damit angeblich die Andern gefährden,
die sich als Gesundheitsapustel gebärden,

empfehle ich, statt durch die Windeln zu brüllen,
auch noch ihre Fratze vor Hass zu verhüllen
und streng nach den Regeln erst selbst, von Gestalten
wie mir, bitte doppelten Abstand zu halten.

Danke,
Kranke!

Global-Spiel 08.08.2020

Der Abbau des Sozialstaats wird entschuldigt,
wie der Globalisierung man stets huldigt
im neo-liberalen Credo freier Märkte
vornehmlich Industrien reicher Staaten stärkte.
So treten Völker in die Mantra-Predigt-Falle
und glauben bald, Globalisierung sei für alle,
was sie auch ist – entgegen vieler Zweifler Mienen
der Skepzis – ja, für alle! – , die an ihr verdienen.

Wird nun global – erst mal egal, wie sehr begründet –
von den Regierungen die Pandemie verkündet,
sowie das Ende ihrer für die ganze Welt
erst dann einträfe, sei ein Impfstoff hergestellt –
und Gates versprach, sieben Milliarden einst zu impfen –
wie kommt's, eine Verschwörungstheorie zu schimpfen,
wenn's um Milliarden geht, nichts anderes als Kohle
und nicht nur Globuli zum scheinbar aller Wohle?

Pandemimikri 08.08.2020

Regierungen den Menschen streng anschaulich machten,
Gefahr droht, und wir müssten auf einander achten!

Die kommt auch, aber von gewählten Mächten
diktiert, indem, dass wir vermehrt einander ächten!

Frage der Klage 09.08.2020

Was macht Ihr Regierenden mit unsern Rechten,
Euch wider den Souverän aufzuschwingen,
die Menschen in Massen in Deutschland zu knechten
und maskenweis' Demutsbeweis zu erzwingen?

Der Sklave im Dominastudio mag's
in Ketten, geknebelt sich ganz zu ergeben.
Das Kräfteverhältnis entsteht kraft Vertrags.
Fehlt der, werden Sklaven sich letztlich erheben.

Als Domina taugen Sie wenig, Frau Merkel –
– das stellen zumindest Parteilose fest; –
vielleicht als Erreger wie etwa Tuberkel,
der Tollwut, der Cholera oder der Pest.

Jedoch SARS-CoV2 samt Corona-Verwandtschaft
sind harmlos dagegen. – Nur Merkel und Spahn
und Drosten und Wiehler und deren Gesandtschaft
erzeugen die Angsthysterie bis zum Wahn.

Wir erbten das Grundgesetz von unsern Vätern!
Ein Fakt, den selbst Ängstliche von uns begreifen.
Die Impfpflicht erlaubt dann gewählten Verrätern
ins Erbgut der Deutschen total einzugreifen.

Ich liebe den Frieden und meide Gewalt,
empfehle zu handeln, vornehmlich besonnen.
Doch haben die Machthaber vernehmbar eiskalt
den Krieg gegen's eigene Volk nun begonnen.

Bei Atemnot 20.08.2020

Wenn einer jäh darnieder liegt,
weil jener keine Luft mehr kriegt,
erzwingt nicht gleich, zu intubieren.

Ist wem das Wort Gespür Begriff,
empfiehlt es sich, den Würgegriff
zu lösen, erst mal zu probieren.

Moral ist, greift ein Mittel nicht,
ist besser mit dem Mittel Schicht!

Narretei vorbei 24.08.2020

Not tut, dass wir, die regieren
endlich – und uns – demaskieren!

Letzter Weg der Ansteckung 26.08.2020
(um sich als Regierender zu rechtfertigen)

Auch in der Wissenschaft gibt's Gegenpole,
warum nicht auch beim Thema „Aerosole"?
Die soll anstatt beim Niesen oder Husten
man singend oder redend schon auspusten.
Abseits von infektiösen Auswurftaten,
wo Gegenlicht und Zeitlupe verraten
Reichweite und Geschwindigkeit sogar,
sind Aerosole mikroskopisch, unsichtbar,
drum alltags nicht zu fassen, fein verborgen:
Ein Nährsubstrat für Drohung, Angst und Sorgen.

Der Mensch lebt wie mit Husten und mit Niesen
Äonen schon genau so gut mit diesen
wie heute auch ganz einfach, weil er musste,
auch schon, als er von ihnen noch nichts wusste.
Für Phobiker mag Folgendes verstörend sein:
Was jemand aushaucht, atmet teils der Nächste ein,
gleich was im Aerosol und wieviel drin ist.
Was für's Immunsystem vielleicht gar ein Gewinn ist,
weil das, was in geringer Zahl und unbemerkt
als Feind eindringt des Körpers Abwehr sogar stärkt.

Denn Herrn Professor Bhakdi und Professor Streeck
nach zählt nicht nur ein Übertragungsweg.
Entscheidend dafür: Wird man krank – bleibt man
gesund?,
ist für den Leib synchrone Keimlast der Befund,
heißt für Mikroben wie für die Immunabwehr:
Stellt es oder der Eindringling das größ're Heer?
Das ist zumindest für Erkältungsviren –
gleich welcher Gattung auch – zu konstatieren.
Die Heinsbergstudie von Streeck belegt dabei,
dasselbe trifft anscheinend zu auf SARS-CoV2.

Dass uns das Virus Sars-CoV2 in Aerosolen
lebensbedroht, schwingt Lauterbach stets Angst-Parolen.
Sein Credo lautet Mundschutz, kein Kontakt, Distanz
in Videos, Verlautbarungen und bei Lanz.
Stellt man zu Aerosolen in Laboren etwas fest,
bleibt fraglich, ob sich das auf's Leben übertragen lässt.
Es ist umfassend, makroskopisch ohne Grenzen,
nicht zwingend so, wie winzig klein, in Reagenzen.
Und bald verhallen Lauterbachsche Angst-Szenarien
als Pseudo-Nostradamus-Horror-Arien.

Denn Covid 19, ist statistisch man im Bilde,
verläuft zum Trotz oft unbemerkt bis häufig milde.
Nur mehrfach vorerkrankt und nah dem Lebensende,
fällt man **mit** Sars-CoV2 dem Schnitter in die Hände.
Seit Püschels Obduktionen steht die Frage fest:
Was war todesursächlich, und was gab den Rest?
Ein Faktum – zählt auch dieses zu den Repetierten –
der PCR-Test findet keine Infizierten.
Das Einzige, was positiven Falles feststeht,
ist, der, der das erfährt, ist positiv getestet!

Wobei, und das ist ebenfalls inzwischen wichtig,
ist solch ein Testergebnis derzeit kaum noch richtig,
vielmehr liegt solches oft bereits seit Wochen ganz
als Rauschen im Bereich der Fehlertoleranz.
Seit Mitte Mai ist aus den Sentinel-Arztpraxen
des RKI nicht ein Covid-Fall mehr erwachsen.
Kein Kranker mehr, und so als hätt' das kein Gewicht,
verstärken Herrscher Distancing und Maskenpflicht.
Erst, wenn's den Impfstoff gibt, winkt Lockerungserlass.
Ihr Pharmabüttel: „Warum impfen noch, und gegen
was?"

Und dann der Impfstoff, längstens noch nicht ausgereift,
von denen eine Art ins menschliche Genom eingreift,
mit Folgen, die die Wissenschaft, noch aufzuklären,
bemüht sein müsste. Trotzdem wird an Volontären,
verängstigten wahrscheinlich, schon der Stoff getestet,
fahrlässig früh, obwohl für Aufgeklärte feststeht
und Paranoia-Priester ihretwegen hupfen,
mit höchsten Risiken, nur gegen einen Schnupfen.
Ein solches Handeln – wissenschaftlich – sucht seinen
Vergleich.
Menschenversuche verband ich mal mit Drittem Reich.

Wenn solchem angesichtig Lauterbach uns droht
mit Aerosolen, nahendem Coronatod,
obschon das RKI mit seinen Zahlen dies
ins Land der Lügenmärchen lange schon verwies,
den Impfstoff predigt, als alleinig Heilsversprechen,
das duftet sehr nach Dummheit! – oder nach
Verbrechen!
Mensch, Lauterbach hör auf mit mahnendem Gewinsel,
verzieh Dich wie ein aufgelöstes Blutgerinnsel,
als leises Rinnsal bist Du uns noch überdrüssig,
verharrst Du bei dem wie bislang, und überflüssig.

Terminabsage beim Hausarzt 30.08.2020

Lieber Herr Doktor!

Den Termin, der grad bevorsteht,
wo es erstmal um's Labor geht,
bleibt mir nichts als abzusagen.
Der Grund, die Vorschrift „Maske tragen!".

Wenn Sie davon Bericht erstatten,
dass Sie im März „Corona" hatten
und Covid ernst zu nehmen sei,
stimmt das, doch ist der März vorbei.

Erkältungsviren sind nunmal,
so auch Corona, saisonal.
Im Norden kommen sie ins Spiel
meist ab Dezember bis April.

Ab Mitte März schon, ungefähr,
blieben viele Betten leer
auf Intensivstationen. Seit-
dem gibt's auch dort oft Kurzarbeit.

Menschenmassen sommerwetters,
Grundrechtsdemos, Black-life-matters,
alle diese glasklar zeigen,
dass durch sie nicht Zahlen steigen.

Nur durch Testzahlsteigerungen
ist es allenfalls gelungen
ganz nach Herrschender Bestreben,
die Positivenzahl zu heben.

Im Durchschnitt, der wird kaum beschrieben,
sind die Zahlen gleich geblieben
oder wider alles Unken
Warnender sogar gesunken.

Man hofft, Gefahren aufzubauschen.
Der PCR-Test zeigt das Rauschen
lang schon im Bereich der Rate
falsch positiver Resultate.

Überdies wird ignoriert:
Es ist der Test nicht validiert
zu zeigen – auch wenn man mir bös ist –
wer infiziert / wer infektiös ist.

Drum ein Theater vorzuschützen,
dass die Masken jetzt noch nützen,
gegen *mediale* Killer-Viren,
die derzeit nicht existieren,

dabei mache ich nicht mit!
Und entschließe mich zum Schritt,
Ihre Praxis zu betreten,
ist kein Mundschutz mehr von Nöten,

genauer, nicht mehr vorgeschrieben.
Zudem sind – nicht nur nach Belieben –
Behandlungsräume, Flur, Foyer
und Wartezimmer kein OP!

Das, was uns dieses Mal bedroht,
ist weniger viraler Tod.
An Ihnen ist mir viel gelegen,
sowie zum Denken anzuregen.

Bis hoffentlich bald
Ihr Uli Wollgarten

Wo lauern die Gefahren 02.09.2020

Ein Keim, der rasend und für viele tödlich sich verbreitet,
wie wenn der Schnitter über Land und durch die Städte reitet,
als wolle Gott aus allen Menschen die Verderbtheit dreschen,
bei dem lässt sich mit Recht von einer echten Seuche sprechen.

Nicht minder kritisch ist, wenn die Bazillen oder Viren
zwar viele Menschen und in Windeseile infizieren,
die aber kaum erkranken, und wenn, meist in milden Stufen,
man Panik schürt dann, dass sie alle nach dem Impfstoff rufen.

Dann wirken Pharmafirmen schlimmer als die „bösen" Viren,
die dann vom Mittel wie von Absatz-Dosen profitieren.
Wer zahlt? - Der Staat, heißt wir! - Egal, wie gut man es verkraftet,
solang der, statt die Pharmaindustie für Schäden haftet.

Das muss man ändern. Packt die Impfstoff-Hersteller beim Kragen,
damit sie haften und entwickelnd folglich nicht mehr soviel wagen,
sprich, sich wie einst Entwicklungszeiten sowie –stufen fügen,
und uns, mit dem was wirklich droht, nicht leichtfertig belügen.

Epidemische Lage von nationaler Tragweite

03.09.2020

(Ein Rundlauf?!)

Was ist das eigentlich und wen betrifft
letztendlich diese lange Überschrift?
Und wie wird diese letztlich festgestellt?
Schau ins Gesetz zum Infektionschutz, das erhellt.

Der Deutsche Bundestag stellt eine solche Lage fest,
woran er's macht, sich nicht so einfach sagen lässt.
Verlassen aber kann man sich darauf,
fehlen die Gründe, sie festzustellen, dann hebt er sie auf.

Was das Land bedroht, welche Epidemie,
wird festgelegt von einem nur, dem RKI.
Ein einzig Institut, nicht zwei, nicht drei
noch mehr sind zur Beurteilung dabei.

Es reicht demnach, allein das RKI sieht rot,
wir alle würden folgenschwer von einem Keim bedroht,
dann bastelt es vorsorglich fix an einem Test.
Der Bundestag stellt dann besagte Lage fest.

Das Wesentliche scheint zu sein, wie wild zu testen.
Die Medien mit Horrornachrichten verpesten
die Atmosphäre und das Limbische System
des Volks. Das macht gefügig – leicht und ganz bequem.

Dann wird mit Zahlen / Testergebnissen jongliert,
sodass das Heer Verängstigter nicht gleich kapiert,
dass die Verhältnismäßigkeiten fehlen, schwere Not.
Schon scheint, wir seien unverhältnismäßig stark
bedroht.

Doch die Regierung lässt uns damit nicht allein,
entscheidet drastisch, sprich, sie sperrt uns alle ein.
Zwei Illusionen werden dadurch eingetütet,
sie ist entschlossen, wie sie uns alle behütet.

Sinken die Zahlen, sprich, sie spielen nicht mehr mit,
entschließt man sich zu irgendeinem nächsten Schritt,
wie Masken. Die zu tragen, statt zu hinterfragen,
wird Stigma so, du könntest etwas übertragen.

Ob das nun hilft, ob nicht, es wälzt nun sicherlich
so die Verantwortung auf einzelne, sprich dich!
Je länger nun die Maskenträger uns umgeben,
muss die Gefahr noch sein für aller Leib und Leben.

Und leise Zweifel, schnell zerstreut auf alle Fälle,
erstickt die schleunigst propagierte, zweite Welle,
die jeden Leichtsinn offen rügt und attackiert,
sodass als Moralist sich fühlt, wer denunziert.

Wenn innerhalb des Landes kaum noch etwas los ist,
Weisheit und Fürsorge der Mächtigen so groß ist,
ganz wie ihr Folgern, denn nun kommt man zu dem
Schluss,
dass die Bedrohung aus dem Ausland kommen muss.

Rückreisende stehn im Verdacht und da als Deppen,
von außerhalb die Seuche wieder einzuschleppen.
Damit Vergnügungssüchtige uns nicht verpesten,
muss man sie an den Grenzen ohne Grenzen testen.

Die Zahl der Teste gilt es, drastisch zu erhöhen,
als Indikator für ein Infektionsgeschehen.
Man findet viele Positive, Gott sei Dank,
noch besser ist, die Mehrheit dieser ist nicht krank.

Das Inland ist nun endlich wieder das bedrohte,
dank Positiver aus dem Reich der Fehlerquote
des Testes, einen Säurestrang entdeckend,
statt einen, der erkrankt ist oder auch ansteckend.

Zwar keimt ein wenig Hoffnung, wenn sie auch nur
keimt.
Es schrumpft die Anzahl derer, die man damit leimt.
Selbst die Konformen fangen an in diesen Tagen,
vereinzelt diese Krise mal zu hinterfragen.

Auch nur vereinzelt wird mancher Politiker
partiell geständig, wächst die Zahl der Kritiker.
Doch wird das Fis auch dünner unter deren Kufen,
kein Grund, das Ende dieser Lage auszurufen.

Regierenden beliebt, Erkenntnis einzuschränken
und mahnend stets vom Wesentlichen abzulenken.
Salamitaktisch retten sie nun ihre Felle
kaugummiartig bis zur nächsten Grippewelle.

Und dieser ist dann schließlich wirklich zu verdanken
ein Heer der Infizierten und auch ernstlich Kranken.
Bestärkt posaunt „die zweite Welle" man durchs Horn
und inszeniert nun das Theaterspiel von vorn.

Killerviren – Virenkiller 11.09.2020

Seit März etwa mahnt jede panische Lippe
uns vor Konsequenzen der Spahnischen Grippe.
Was SARS-CoV2 nicht gelang trotz aller Predigt
hat uns're Regierung durch Lockdown erledigt.

Als Ursache sind daher keinesfalls viele
wohl aber ganz wenige zwingend im Spiele.
Macht Dosis das Gift, und es wirkt schon die Prise,
ist toxisch die Spitze und führt in die Krise.

Das Lied der Deutschen 26.08.1841

Deutschland, Deutschland über alles,
über alles in der Welt,
wenn es stets zu Schutz und Trutze
brüderlich zusammenhält,
von der Maas bis an die Memel,
von der Etsch bis an den Belt –
Deutschland, Deutschland über alles,
über alles in der Welt!

Deutsche Frauen, deutsche Treue,
deutscher Wein und deutscher Sang
sollen in der Welt behalten
ihren alten schönen Klang,
uns zu edler Tat begeistern
unser ganzes Leben lang –
Deutsche Frauen, deutsche Treue,
deutscher Wein und deutscher Sang!

**Einigkeit und Recht und Freiheit
für das deutsche Vaterland!
Danach lasst uns alle streben
brüderlich mit Herz und Hand!
Einigkeit und Recht und Freiheit
sind des Glückes Unterpfand –
Blüh im Glanze dieses Glückes,
blühe, deutsches Vaterland!**

August Heinrich Hoffmann von Fallersleben

Das Lied der Corona-Deutschen 27.05.2020
(Parodie auf „Das Lied der Deutschen" von Hoffmann
von Fallersleben)

Deutschland eines Überfalles
Opfer derer, die gewählt,
wird es, wenn es nicht zum Schutze
brüderlich zusammenhält –
ob von Maas, von Söder, Merkel
oder wem noch kaltgestellt –
Opfer dreisten Überfalles,
wenn es nicht zusammenhält!

Deutsche Grauen, Deutsche Reue,
Deutscher Schein und deutscher Rang
mögen in der Welt behalten
ihren zweifelhaften Klang,
uns zu edler Tat begeistern,
alle und ein Leben lang! –
Deutschen trauen, Deutsch erfreue!
Wem würd' dann vor Deutschen bang?

Peinlichkeit, Unrecht, Unfreiheit
für das Deutsche Vaterland.
Wann lasst Ihr uns alle leben,
wieder frei und mit Verstand.
Dreistigkeit, Unrecht und Meineid
würgen Mensch und Mittelstand.
Lüg im Ganzen dieses Stückes
Führung deutschen Vaterlands!

Nach- und Dankesworte

Ich möchte zahlreichen Menschen meinen Dank „aus der Deckung heraus" aussprechen, da ich keinen von ihnen persönlich kenne. Danke für Euer Engagement, Eure Arbeit, Eure Unermütlichkeit, Eure Aufrichtigkeit und Rechtschaffenheit. Ihr habt mich informiert, aufgeklärt, inspiriert und hin und wieder auch amüsiert:

Dr. Wolfgang Wodarg, Dr. Bodo Schiffmann,
Prof. Dr. Sucharid Bhakdi, Prof. Dr. Karina Reiss,
Prof. Klaus Püschel, Dr. Heiko Schöning stellvertretend für die bzw. alle Ärzte für Aufklärung,
Dr. Uli Krämer, Prof. Dr. Martin Haditsch, Raphael Bonelli, Dr. Rainer Füllmich, stellvertretend für den gesamten außerparlamentarischen Corona-Untersuchungsausschuss
RA Markus Haintz, KlagePatenEU,
Samuel Eckert, David Brych, Sebastian Götze, Roger Bittel mit Bittel TV, Ken Jebsen von/mit KenFM
Prof. Dr. Rainer Mausfeld, Prof. Dr. Gerald Hüther, Ulrich Mies, Michael Ballweg,
Jens Lehrich und Rubikon, Nachdenkseiten, Swiss Propaganda-Reserch, Anselm Lenz, Dr. Daniele Ganser, Carolin Mathie, Lehrer MaPhy, Robert F. Kennedy jun. ...
Kabarettseitig und coronaunabhängig
Georg Schramm, Volker Pispers, Hanns Dieter Hüsch..
... und allen, die ich vergessen habe, hier aufzuführen.

Und Dank an alle, die das Risiko bei Gegenwind nicht scheuen, für unsere Grundrechte, echte Demokratie, Wahrheit und ihre Ideale/Werte einzustehen.

Einkaufen ab Maskenpflicht: Einen Kaffeefilter über Mund und Nase, darüber eine Nylonstrumpfhose, und das Schild um den Hals.

Inzwischen favorisiere ich insbesondere für den ÖPNV:

Inhaltsverzeichnis

Vorwort..3
Covid 19 25.03.2020.................................5
Nicht nur in der Corona-Krise 06.04.2020.................7

Kein Brauchtumsverzicht bei Corona-....................8

Anweisungen 11.04.2020.......................................8

Maskeraden 02.05.2020..9

Lyrische Lebenskunde 16. und 31.05.2020............10

Größenverhältnis und Größenwahn 03.06.2020.....15

In Krisenzeiten 25.03.2020 – 07.06.2020................16

Rückholaktion 07.06.2020..................................22

Die Nasen-Mundschutz-Maske 28.06.2020............23

Entwicklung zu Covid-19 30.06.2020.....................26

Dem Mund nicht, wohl der Nase nach 01.07.2020. 28

Einst und jetzt 08.07.2020...................................29

Corona-Urlaubs-Zeit 11.07.2020...........................30

Narra-tiefer 12.07.2020.......................................31

Knapp am Kipp-Punkt 26.07.2020........................32

Ratschlag 06.08.2020...33

Global-Spiel 08.08.2020.......................................34

Pandemimikri 08.08.2020....................................35

Frage der Klage 09.08.2020.................................36

Bei Atemnot 20.08.2020......................................37

Narretei vorbei 24.08.2020 38

Letzter Weg der Ansteckung 26.08.2020................39

Terminabsage beim Hausarzt 30.08.2020..............43

Wo lauern die Gefahren 02.09.2020.....................46

Epidemische Lage von nationaler Tragweite 03.09.2020
....47

Killerviren – Virenkiller 11.09.2020.......................51

Das Lied der Deutschen 26.08.1841 52

Das Lied der Corona-Deutschen 27.05.2020...........53

Nach- und Dankesworte.......................................54